Miedo

Rocío Rojas-Marcos

Miedo

FUNDACIÓN JOSÉ MANUEL LARA

Vandalia

Vandalia, 122

Primera edición: noviembre, 2025

Avda. Reino Unido, 11, 1ª. 41012 Sevilla (España)

Edición al cuidado de Ignacio F. Garmendia
Diseño: Estudio Manuel Ortiz
Maquetación: Manuel Rosal
Fotografía de la autora: Fernanda y Paloma

Dep. Legal: SE 2566-2025
ISBN: 978-84-19132-70-3
Printed in Spain-Impreso en España

MIEDO

Hay que ser muy valiente para vivir con miedo.
Contra lo que se cree comúnmente,
no es siempre el miedo asunto de cobardes.
Para vivir muerto de miedo
hace falta, en efecto, muchísimo valor.

Ángel González

Hoy, sin embargo, confío en mi fuerza.
Estoy definitivamente sola y confío en mi fuerza.

Viernes 9 de julio de 1965
Alejandra Pizarnik

ALGUNOS MIEDOS

Hay muchas cosas que te dan miedo
no que se vaya la luz
no un trueno pero sí el rayo no un fantasma
pero sí su nombre
porque cuando las cosas tienen nombre
existen
pesan y deambulan.
A veces, incluso tienen un pasado
y ese tiempo superado es tiempo ignoto
aunque finjas leerlo en manuales de historia
aunque creas haber estado allí.
Ese tiempo pasado se olvida
como se olvida el color de las olas en retirada
como se olvida el sonido de las hojas al moverse
como se olvida la última sonrisa de una vida antigua.
Cuesta trabajo el recuerdo
quebrado
fracturado en imágenes que se agolpan
        y ocupan espacio
        que se atascan
        como se atascan las risas y el llanto
        (llanto singular, risas plural)
        eso también da miedo.

Miedo: *angustia por un riesgo o daño real o imaginario.*
Etimológicamente el miedo es
la falta de oxígeno ante lo que pueda pasar
la parálisis por la incertidumbre (somos animales de
costumbres).
El dolor del sufrimiento
manos agarradas por bridas
aprensión por lo que no tiene arreglo
por lo que se ve venir de lejos: caos, ruido.
Explosión en décimas de segundo.
Estallido inesperado de todo lo que conocías. Miedo es
sentarse a esperar lo que no sabes que tiene que venir
sentir un cimbronazo
acusarlo físicamente
que te ataque con un puñal clavado en el pecho
que reviente desde el engaño
desde el disimulo
mirando para otro sitio antes de disparar.
Y se escucha un silbido afilado
un susurro de voces.
Lo que imaginas da más miedo
lo que piensas que puede pasar. Por las noches
a oscuras (a solas) con tus pensamientos
el miedo se apodera de los resquicios vacíos
y de los pliegues del recuerdo
ahí donde anidan las cosas
abandonadas
es donde habita ese miedo invasivo
traición constante – traición atávica.
Da más miedo un susurro
que un grito
un roce

que un empujón
un descuido
que un casi que un sin querer que un tal vez
mañana.

Se hace de noche, cierras los ojos
¿ves algo? ¿oyes algo?

Miedo pánico, divinidad con pezuñas y bastón
sonido aflautado sostenido en el aire.
Pánico a cruzar las calles.
Pánico al cinturón de seguridad mal abrochado
a la osadía de la edad y la ligereza.
Miedo asfixiante –tragado para seguir viviendo–
solo deja coger aire con respiraciones de parturienta:
rápidas – entrecortadas – intentando mantener el
ritmo sin hiperventilar.
Entiendes que ahora te toca ese miedo
igual que antes les tocó a otros.
Apisonadora
que surca la rutina de días frágiles.

Dice una guía infantil de cuidados que
entre los siete y los doce meses da tanto miedo bañarse
como separarse de una madre. Con cuatro años
los monstruos y el abandono
y a partir de los ocho los exámenes y la muerte.
Te encantaría saber qué debe darte miedo con más de
cuarenta y cinco
porque al avanzar por esa lista los miedos se acumulan
vas sumando
te quedas con uno o dos de cada etapa y sigues.
Has repetido muchas veces en voz alta
(para que parezca dicho por otro)
que el miedo es síntoma de inteligencia
que eso dicen los estudios especializados
–publicados en no sabes qué revista científica–
que es un recurso de protección. Pero
sentir miedo constante cansa mucho
saber que cada paso es un logro robado a su sombra
se endurece como una postilla.
Te crees tus propios panfletos (qué podrías hacer si no)
solo te quedaría sentarte a esperar habiendo cerrado
la puerta por dentro
        como en esa extraña primavera de otro poema
        como en el cuento de Cortázar.
Si dejaras que ganase la batalla
tendrías que dibujar un círculo a tu alrededor
(una línea de color rojo) y mantenerte dentro.
Fuera solo abismo.
Dentro seguridad y final.
        Pero si solo cabes
        tú
        no sirve.

Miedos reales e irreales, dicen los expertos:
miedos con nombre propio y otros incluso con número de DNI.
Estos últimos
aún no los puedes clasificar
porque parecían irreales hasta hacerse corpóreos
porque un documento nacional de identidad es un rectángulo de plástico
y de repente puede convertirse en alguien con nombre y apellidos
alguien que sonríe y saluda
alguien con ideas de futuro – proyectos – cerveza fresquita los viernes.
Lo que da más miedo
cuando se hace real
es que sonría.
pues al mirar de frente una sonrisa confías sin pensarlo mucho
–truco manoseado
sonrisa trampa–
cuando tienes las ventanas abiertas
y la puerta sin la llave puesta
es cuando esa sonrisa se fosiliza
te mastica y escupe
te pisotea y escupe.

Puede dar miedo que empiece una guerra
pero eres de la generación que se olvidó.
De la que solo lee del ruido de las bombas.
Si lo escucharas ¿qué creerías que ha sido?
Ves dibujos de pesadillas reales
hechos por niños en escuelas campamento
con paredes de plástico
sentados en el suelo –ellos
sí saben cómo suena una bomba–. Reconocen el olor de ese miedo
lo desescombran cada mañana y vuelven a su aula
con paredes de plástico. Sonríen
y son sonrisas que sobrecogen el aire. Sonrisas verdaderas
que punzan en lo más profundo de la mentira
que devuelven reflejado el esperpento.
La culpa también da miedo.
Tienes que poder dormir:
pesadilla humo frío pesadilla
humo
frío.

No da tanto miedo un tsunami (crees que te pilla lejos).
Pero dejarte la comida puesta
y que prenda
que arda en un fuego inagotable de pasado:
aterra.
Como el sonido de unos frenos derrapando
sin saber de dónde viene – como
el teléfono que suena mientras duermes – como
una piscina llena de agua
y el horror del silencio flotando.
Ahí no hay ni tsunamis ni guerras. Ahí está el silencio
con todas sus letras.

Las escenas de película sin música
o en las que solo suenan dos notas: mi-fa, mi-fa
(el peligro se aproxima). Por eso el cine
por eso la literatura de soldados valientes y
muerte sirve para alejar el miedo.
La caricatura del miedo es grotesca
porque en esta historia
lo que de verdad da miedo
es el egoísmo. Hacer un poquito mayor
aquel círculo de antes
que quepan tres personas más y blindar la realidad.
Creer que eso es paz.
Estar con los codos pegados al costado
porque no cabemos dentro
pero
creer que ahí no pasa nada. Desconectar los teléfonos
y seguir fingiendo una vida.

Vives aterida por un miedo
que acelera el pulso estable. Bombea
con fuerza la sangre al cerebro
una sangre de otra manera espesa
que recorre los cuerpos.
Cuerpos sin arterias, sin opción
de sangre oxigenada. Solo venas.
Pero ese
ese es otro miedo diferente.
El miedo al final que no avisa.
Temor al no mañana
Temor por no volver a dar las buenas noches
por no escuchar otro *buenos días.*

Sonríes y miras de frente.
Suena el despertador: hay café por la mañana
hay pan y aceite. Sonríes y miras
de frente.
Vas a clase – hablas – lees – te sientas al sol.
Sabes que están bien. Sonríes y
miras de frente.
Vuelves dando un paseo (parque lleno de flores).
Entras en una casa caldeada. Sonríes
y miras de frente.
Hoy garbanzos
mañana ya veremos.
Mientras miras de frente a la suerte
siempre sonriendo.

Hay miedos que no conoces o que te dan igual.
El miedo escénico ya no te importa.
Para el miedo al ridículo ya eres vieja.
El fracaso es inevitable. Todos somos el fracaso de un sueño.
Los despojos de una ilusión
y el vertido contaminado de una canción
compuesta para no ser tocada nunca. No puede
darte miedo
lo que eres.
Debes reconocerte en el espejo
del agua apacible de un charco sucio.
El rechazo te importa poco
hace tiempo que pocas cosas
pueden dinamitarte. Sonríes. Siempre es mejor.
Hay miedos que no conoces
        ahora que ya eres vieja.
Crujido
pinchazo
doblez
te llaman
acudes y sientes que la lluvia está inundando la habitación.
Crujido
de papeles arrugados.
Pinchazo
que desestabiliza el coche.
Doblez
de frases escupidas.
Te llaman
acudes
y recuerdas que sabías nadar. Resistes, flotas.
Te salvas.

Con impunidad, ¿miras para otro lado?
hoy es la voz
          mañana qué
todos miran para otro lado: el egoísmo de una noticia en
  el telediario de las nueve
algo muy lejos algo en imágenes
da mucho mucho miedo
porque es grande – inmenso – inabarcable
pero cuando es cercano – mediano – manejable
también existe. Se hace sombra y tú desapareces en ella
como por arte de un mago: *plaf* y sale un humo grisáceo y
  te desdibujas
y nadie se da cuenta de que ya hace tiempo que no estabas
y nadie se da cuenta de que ya hace tiempo que pasabas
  miedo
y nadie se da cuenta de que ya hace tiempo que no hablabas
porque tú eres la primera que no te habías dado cuenta
porque tú eres la primera que no sabías que eso era miedo
porque tú eres la última en ponerle nombre al monstruo
o al mago que hizo el humo: *plaf* y desapareciste.

Te miras desde fuera:
pareces una mala pieza de cerámica
tu técnica kintsugi es mejorable
pero te sirve. Tampoco pides más a estas alturas:
como un anuncio barato de vacaciones
(sale el sol – miradas al horizonte – paseos por la playa)
como la foto de la habitación de una pensión barata
(fondo dorado – anochecer – se ven pájaros volando)
pero te sirve. Por eso escribes:
por reconocer tus límites: porque has descubierto que tienes
antes ni lo sabías. Eras territorio invadido.
Ya no. No más. Nunca. Nada. Nadie.
Ya no.

EL NOMBRE DEL MIEDO

Se ha roto el cristal de una ventana
hoy hace mucho aire, silba entre las rendijas
se ha roto el cristal de una ventana
y te dice el que ha venido que mejor ventana nueva
entera nueva.
Mejor cambiarlo todo: pica la pared
arranca la ventana vieja y
solucionado. Imaginas solo el hueco
la propuesta es un vacío
como está vacío este poema
de palabras danzando alrededor
        de una idea.
        Solo una.
        Solo miedo.
Pero, y si está también vacío el miedo
y si está invadido de ausencia
y si es miedo al miedo lo que ronda
debilidad punzando en las sienes.

Te pica la pared, te quita la ventana.

Mientras escuchas la explicación
mientras te dicen el precio
mientras la habitación está invadida de calle
que entra sin barrera por el agujero del cristal roto
calculas el valor de una vida
la comparas con el precio de la ventana y sale a deber.
Una vida vale menos
que un cristal roto
            y eso da mucho miedo
            porque ya no da ni pudor
            ya nadie se avergüenza
            por eso es más fácil el reemplazo.
En el centro del poema ha caído una bomba.

Vas circulando por tus pensamientos
dividiendo el tiempo en pasos
huele a óxido. Agrio.
Sucio. Vas circulando
miras por la ventana
el edificio de enfrente está abandonado
han salido ramajos entre las grietas del suelo
la vida resiste en soledad
las plantas crecen. Manto verde
copas de árboles.
Espacio tomado
terreno ocupado por la lucha.

Hay miedos silenciosos
miedos que avanzan de puntillas
no los oyes llegar
se ponen delante. Retadores.
Así, sin cita previa. Miran el reloj
calculan el tiempo que tienen
y te van invadiendo.
Entonces, las horas son diferentes
es entonces cuando sin luz, sin injerencia externa
las horas son diferentes, como sin peso
livianas
líquidas
casi dulces
se ahílan despacio
sin el ruido sucio del monstruo
que tú intentas eliminar.
Ya lo ha dicho la madre de Frankenstein
casi siempre lo que más miedo da no son los monstruos,
ella lo sabe bien
sino la culpa que crece y crece...
sino la culpa
tal vez la culpa
seguro la culpa
            sentada delante
            ahogando palabras
apretándote fuerte la garganta.
Sino la culpa que crece y crece...

A lo mejor por eso escribes
para perder este miedo informe.
Las palabras nombran
las palabras alejan los silencios, los ocupan.
Las palabras susurradas también paren la realidad
y de sus trazos sobre el papel
y de sus vibraciones al pronunciarlas
se llega escarbando hacia lo más profundo
para ponerle nombre al miedo
para ponerle
para ponerle nombre
para ponerle nombre al miedo.

NUEVAS PALABRAS

Dirías algo si al hablar supieras
medir tus palabras
como si sirviera contar sílabas con los dedos
(pero
te desbordan)
como lo hacías de niña
cuando había que separar en sílabas:
caricia
sustento
abrazo o disparate (pero te salen frases
a borbotones).
Cualquier palabra valía para recordarte que no sabías
qué era un hiato.
Ahora lo miras en el diccionario: *solución de continuidad, interrupción*;
en una palabra: *dos vocales juntas que se encuentran en distintas sílabas*:
que no se mantienen unidas.
Entonces
dirías algo si la medida cuantitativa cambiase
el significado de lo dicho
pero eso no ocurre: mejor silencio.
Mejor teclear constantemente
borrar – volver a escribir
y deambular entre los saltos de línea
escuchando el levante entre las hojas.
Mejor cerrar los ojos y creer que vas en un barco
por mitad del Estrecho
y escuchas las gaviotas que se acercan.
Mejor cerrar los ojos y sentir el roce de sus alas
al acercarse a ti
en su vuelo anárquico.

Mejor cerrar los ojos y escuchar el retroceso de las olas
que te mojan los pies de golpe
que te rondan sinuosas.
Todo eso solo pasa
si dejas de deletrear la palabra miedo.
Cinco letras juntas con un significado completo.
Cinco letras que puedes utilizar para otras tantas palabras
con olor a agua salada y tierra húmeda: *m* de
mar; *i* de idea, *e* de esfera;
d de día, *o* de olor a nardos. Podrías seguir combinando
letras
juego infantil inagotable. Pequeño tiempo invertido
en hacer inmenso el mundo expandido por palabras.

Hay cosas que ocurren cuando dejas que entre la luz
cosas que ocurren al abrir la ventana
al mirar hacia fuera.
Sin horizonte no habrías visto que
la luz que alumbra por el lado podía ser tu farola
y sigues
y sigues andando
un pie tras otro
con zapatos que ya no duelen
y una mochila bastante llena
que cargas sin ayuda.
Para tu sorpresa pesa menos que antes.
Así son las cosas cuando todo cambia.
Ese espacio en el que creías habitar sola
y en penumbra
es ahora un mundo inmenso
iluminado desde dentro. Sin adornos.
Austeridad de paseos por el parque,
sobriedad sin sobresaltos,
con que haya cuatro sillas tienes suficiente.
Hoy garbanzos. Mañana ya veremos.
Mientras, miras de frente a la suerte
siempre sonriendo.
Nuevo mantra
recuperado del poema anterior
futuro escrito con todas sus letras
(futuro: palabra que sabes dividir en sílabas sin problema).
Puedes hacer una hoguera (como en San Juan)
para quemar todo lo viejo: saltar pisando ascuas
notar en las plantas de los pies el ardor:
principio de exilio

principio y final de ti misma
que pisoteas y calcinas.

Así termina el poema.
Comienzo.
Nuevas palabras.

COLOFÓN

Y ahora en primera persona
dejo de mirarme desde fuera
dejo que se filtre la luz entre mis dedos
dejo que el aire ventile la casa.
Logro apartar la ponzoña del tiempo
friego con lejía las paredes
los suelos y hasta las persianas.
Ya no me tambaleo: he aprendido a mantener
el equilibrio en la línea continua.
Ya no me caigo.

Ahí mirando de frente.
Ahí está el miedo.
Ahí la salida iluminada.
Ahí estoy yo de pie.

GAMAN
(我慢)

Suenan cristales
realidad difusa
ruptura azul

Lejana luz
alguna mosca zumba
en tu interior

Gotea un grifo
se vacía el pantano
llenaste el vaso

Dedos helados
arañan, despellejan
ensangrentados

Escucha el grito
a través del cristal
luz roja y fría

Silencioso es
el sonido constante
de esta muerte hoy

La luz se quiebra
cuando llueve, si llueve
todo se ahoga

Miras el río
llevando el agua roja:
es una vena

Querías fuego
para barrer cenizas.
Solo hubo escarcha

Sonríes, miras.
Si dispara la cámara
sales temblando

Quebrado sismo
movimiento de tierras
grieta fortuita

Barres cristales
añicos del espejo
puntos de luz

Explosión sorda
se ha caído una flor
llanto del mundo

Vuelan los pájaros
igual que almas errantes,
se mueve el aire

Un silbido ágil
un intento de huida
otro fracaso

Luz muy brillante
si todo fuera fácil
tú jugarías

Flores silvestres,
susurras el poema,
huele a jazmín

Dirías sí
a una copa de vino.
Día de luz

Ensayo y error
toda la vida igual:
la oscuridad

Pies con arena
las olas te conocen,
no son azules

Día de lluvia
desmorona el asfalto
agua en la cara

Salto al vacío
escribes unos versos,
vuelta a empezar

Todas las letras:
la palabra verdad
púas clavadas

La arena tibia
cuando el sol va cayendo.
Final del día

Cuántas mentiras,
mentiras con moñas y
marcos de fotos

Fin del verano,
ahora llegan uvas:
son premio dulce

Libro perdido
de palabras dispersas,
cielo acabado

Huele a ceniza:
inundando el paisaje
la nube gris

Juega contigo
el sonido del agua
de la cisterna

Llega la barca
no tienes las monedas
en los bolsillos

ÍNDICE

Se terminó de imprimir esta edición de
Miedo, de Rocío Rojas-Marcos,
en Sevilla, el día 10 de noviembre de 2025

VANDALIA
TÍTULOS PUBLICADOS

1
Sevilla
Juan Ramón Jiménez
Edición de Rogelio Reyes

2
En el viento, hacia el mar (1959-2002)
Julia Uceda
Edición de Sara Pujol

3
Centinelas
Jesús Beades

4
Estado de palabra. Antología poética (1956-2002)
Rafael Guillén
Edición de Francisco J. Peñas-Bermejo

5
Poetas andaluces de los años cincuenta. Estudio y antología
Edición de María del Carmen García Tejera
y José Antonio Hernández Guerrero

6
Edad presente. Poesía cordobesa para el siglo XXI
Edición de Javier Lostalé

7
Versos y años. Poesía 1975-2003
Fernando Ortiz
Edición del autor. Introducción de Emilio Barón

8
Antología poética
Pedro Pérez-Clotet
Edición de José Antonio Hernández Guerrero

9
La otra sentimentalidad. Estudio y antología
Edición de Francisco Díaz de Castro

10
Muertes y maravillas
Rafael Adolfo Téllez

11
Tan alta soledad
Charo Prados

12
Aforemas
Miguel Ángel Arcas

13
Apócrifos
Ángel García López

14
La Ordenación (Retrospectiva 1980-2004)
Ana Rossetti
Edición de Paul M. Viejo

15
La flor de Californía
José María Hinojosa
Edición de Alfonso Sánchez

16
Consolaciones
Jacobo Cortines

17
Obra poética
Antonio de Zayas
Edición de Amelina Correa

18
Crónica personal
Fernando Quiñones
Edición de José Manuel Benítez Ariza

19
Poesía. Antología 1964-2003
Alberto García Ulecia
Edición de Fernando Ortiz

20
La derrota del sol
José Antonio Gómez-Coronado

21
Poesías completas (y otros poemas)
Manuel Altolaguirre
Edición de James Valender

22
Ocasión de vida. Antología poética
Alfonso Canales
Edición de Francisco Ruiz Noguera

23
El desierto, la arena
José Carlos Rosales

24
Desde un fracaso escribo. Antología poética
José Luis Tejada
Edición de Jaime Siles

25
La piel del jaguar:
25 poetas hispanoamericanos ante un nuevo siglo
Edición de Álvaro Salvador

26
Poesía de la Guerra Civil española.
Antología poética (1936-1939)
Edición de Jorge Urrutia

27
Zona desconocida
Julia Uceda
Epílogo de Miguel García-Posada

28
En resumen. Antología poética (1946-2005)
Leopoldo de Luis
Edición de Jorge Urrutia

29
El fervor y la melancolía.
Los poetas de «Cántico» y su trayectoria
Edición de Luis Antonio de Villena

30
Las traducciones del 27. Estudio y antología
Edición de Francisco Javier Díez de Revenga

31
Instante
Eduardo Jordá

32
Palabra de Rock. Antología de letristas españoles
Edición de Silvia Grijalba

33

Los enunciados protocolarios

Álvaro Pombo

34

Asonancia del tiempo

Waldo Leyva

35

Entretiempo

Juan Lamillar

36

Biografía impura

Juan Cobos Wilkins

37

Los archivos griegos

Blanca Andreu

38

Heredad

seguido de Cartas de enero

Juana Castro

Prólogo de Olvido García Valdés

39

Peces en la tierra

Antología de mujeres poetas en torno a la Generación del 27

Edición de Pepa Merlo

40

Trenes de Europa

José Martínez Ros

41

Hombre sin descendencia

Braulio Ortiz Poole

Prólogo de Antonio Lucas

42
Mapa mudo
Jorge Valdés Díaz-Vélez
I Premio Iberoamericano de Poesía Hermanos Machado

43
Versos para los momentos perdidos
Rafael Guillén

44
Un plural infinito
Antología poética
Rafael Pérez Estrada
Edición de Jesús Aguado

45
Memoria poética de la Alhambra
Antología
Edición de José Carlos Rosales

46
Nostalgia de Odiseo
Nuria Barrios

47
La velocidad del mundo
Ángela Vallvey

48
Las cosas se han roto
Antología de la poesía ultraísta
Edición de Juan Manuel Bonet

49
Danaide
María Sanz
II Premio Iberoamericano de Poesía Hermanos Machado

50

Geometría y angustia

Poetas españoles en Nueva York

Edición de Julio Neira

51

La musa furtiva

Poesía 1967-2012

Vicente Molina Foix

Prólogo de Candelas Gala

52

La geometría y el ensueño

Una muestra de poesía taurina

Edición de Carlos Marzal

53

Apuntes del natural

Manuel Moya

III Premio Iberoamericano de Poesía Hermanos Machado

54

Escritos en la corteza de los árboles

Julia Uceda

55

Fruta extraña

Casi un siglo de poesía española del jazz

Edición de Juan Ignacio Guijarro

56

Siete caminos para Beatriz

Ernesto Pérez Zúñiga

57

Ser sin sitio

Álvaro García

58

A la mano zurda

José Pérez Olivares

IV Premio Iberoamericano de Poesía Hermanos Machado

59

Y el aire de los mapas

José Carlos Rosales

60

Donde estuve

Fernando Delgado

61

Per riguardo (Con cuidado)

Pere Gimferrer

Versión española de Justo Navarro

62

Personal & político

Aurora Luque

63

Animal impuro (Poemas reunidos)

Adolfo García Ortega

Prólogos de Martín Casariego y Justo Navarro

64

Lugar de lo sagrado

Lutgardo García Díaz

V Premio Iberoamericano de Poesía Hermanos Machado

65

Fumando con mis muertos

Álvaro Salvador

66

El mundo se derrumba y tú escribes poemas

Juan Cobos Wilkins

67
Carta al padre
Jesús Aguado

68
Pasión y paisaje. Poesía reunida (1974-2016)
Jacobo Cortines

69
La belleza no está en el interior
José Manuel García Gil
VI Premio Iberoamericano de Poesía Hermanos Machado

70
No en mis días
Pere Gimferrer

71
Fábula
Javier Vela

72
La lluvia en el desierto
Poesía completa (1995-2016)
Eduardo García
Prólogo de Vicente Luis Mora
Epílogo de Andrés Neuman

73
Regiones devastadas
Guillermo Carnero

74
La luz de la dinamo
Nuria Barrios
VII Premio Iberoamericano de Poesía Hermanos Machado

75
Historias
Juan Ramón Jiménez
Edición de Rocío Fernández Berrocal

76
Poemas para ser leídos en un centro comercial
Joaquín Pérez Azaústre

77
Narciso y ecos
Juan Vicente Piqueras

78
Cielo
Javier Lostalé
Epílogo de Diego Doncel

79
La espalda de la violinista
Teresa Gómez
Prólogo de Ángeles Mora

80
Las llamas
Pere Gimferrer
Epílogo de Aurora Egido

81
Fuegos de palabras
El aforismo poético español de los siglos XX y XXI (1900-2014)
Edición de Carmen Camacho

82
Las gafas de Pessoa
Aitor Francos
VIII Premio Iberoamericano de Poesía Hermanos Machado

83
Quiero
Poesía reunida (2012-2018)
Alejandro Palomas

84
Carta florentina
Guillermo Carnero

85
Introducción al límite
María Alcantarilla

86
Ahora
Yolanda Morató

87
Efímera
Miguel Albero
Prólogo de Juan Bonilla

88
Secreta luz
Victoria León
IX Premio Iberoamericano de Poesía Hermanos Machado

89
Matar pòetas
Juan Cobos Wilkins

90
Últimos poemas
(Lo que nunca sabré decirte)
Rafael Guillén

91

Arquitectura oblicua

Jaime Siles

92

Tierra negra con alas

Antología de la poesía vanguardista latinoamericana

Edición de Juan Manuel Bonet y Juan Bonilla

93

Para el tiempo que reste

César Antonio Molina

94

Un cielo sin salida

Álvaro Salvador

95

Diez mil cien

Juan Marqués

X Premio Iberoamericano de Poesía Hermanos Machado

96

Vamos a perdernos

Francisco Díaz de Castro

97

Poemas impersonales

Juan Ramón Jiménez

Edición de Soledad González Ródenas

98

El cielo de abajo. La escritura del cuerpo
en trece poetas hispanoamericanas

Edición de María Alcantarilla

99

Días y trabajos

Jacobo Cortines

100

La Fuente del Encanto

Poemas de una vida (1980-2021)

Andrés Trapiello

101

Cuando el monarca espera

Javier Vela

XI Premio Iberoamericano de Poesía Hermanos Machado

102

Con un traje de luna. Diálogo de voces femeninas de la primera mitad del siglo XX

Edición de Pepa Merlo

103

La luz más quieta

Antonio Cáceres

104

Mediterráneos. Poesía 2001-2021

José Carlos Llop

105

Noche en París

Antonio Jiménez Millán

XII Premio Iberoamericano de Poesía Hermanos Machado

106

Plaza de abastos

Teresa Gómez

Prólogos de Ángeles Mora

y Juan Carlos Rodríguez

107

Tristissima noctis imago

Pere Gimferrer

108

Suite irlandesa

Antonio Rivero Taravillo

109

Flores de fuego

Victoria León

110

La ocasión y el homenaje

Felipe Benítez Reyes

XIII Premio Iberoamericano de Poesía Hermanos Machado

111

Poesía completa

Julia Uceda

Prólogo de Jacobo Cortines

112

Baladas y Odas

Juan Ramón Jiménez

Edición de Soledad González Ródenas

113

Doce lunas

Eduardo Jordá

114

Los nombres que te he dado

José Mateos

Prólogo de Vicente Gallego

115

El último poema

Juan Peña

XIV Premio Iberoamericano de Poesía Hermanos Machado

116

Himnos a los altos

Fernando Plata

Prólogo de José Luis Rey

117

Los dedos de la Aurora

Poemas del mundo clásico

Luis Alberto de Cuenca

Selección de Luis Miguel Suárez

Epílogo de Victoria León

118

La guarida inútil

Poesía reunida (1970-2024)

Álvaro Salvador

Edición de Gracia Morales

119

Cantaré mañana todavía

Antología poética (1949-2005)

Antonio Gala

Edicion de Luis Cárdenas García

y Pedro J. Plaza González

120

Los días heterónomos

Juan Bonilla

XV Premio Iberoamericano de Poesia Hermanos Machado

121

El tiempo está cambiando

Nueva poesía española

Edicion de Juan Marqués

122

Miedo

Rocío Rojas-Marcos